Primaria

Plástica 2

Ana Oviedo Melgares

ANAYA

Es un proyecto educativo de Anaya para Educación Primaria.

En la realización de este libro han intervenido:

- **Edición:** M.ª Ángeles Andrés.
- **Claves pedagógicas:** R. Mario Esmeralda.
- **Diseño y gráficos:** Patricia G. Serrano, Marta Gómez, Juan Carlos Quignon.
- **Ilustración:** Inés Burgos, Rosa Asuna, Alberto Díaz, Susana Cuenca, Denica Veselinova.
- **Maquetación:** Esperanza Hernández.
- **Corrección:** Encarnación Martín.
- **Edición gráfica:** José María Marcelino.
- **Fotografías:** Agencia EFE, Alamy/Cordon Press, Album, Archivo Anaya (Cosano, P.; Martin. J.) , Depostiphotos, Getty Images, Thinkstock/Getty Images, 123RF.

Procedencia de las obras de arte: Museo del Prado (Madrid), Museo Sorolla (Madrid), SF MoMA, colección privada.

Las **normas ortográficas** seguidas en este libro son las establecidas por la Real Academia Española en la *Ortografía de la lengua española,* publicada en el año 2010.

Nuestras publicaciones mantienen el rigor en el uso y en la selección de los contenidos, en las imágenes y en el lenguaje, para cumplir con la **no discriminación** por razón de género, cultura u opinión.

ISBN: 978-84-698-3973-7 - Depósito Legal: M-3268-2018 - Printed in Spain.

ET032838/1E1I - 8370090

Conoce tu libro

Así se organizan los contenidos

En cada unidad irás descubriendo los contenidos sobre los que investigar.

La realización de las actividades te permitirá mejorar tus estrategias de aprendizaje, tu autonomía y conocimientos.

Algunas de ellas, además, fomentan:

- La comprensión y la expresión
- El desarrollo del pensamiento
- El aprendizaje cooperativo
- La competencia emocional
- La cultura emprendedora
- La competencia digital
- La evaluación del aprendizaje

La mirada de un artista

En cada unidad encontrarás actividades para conocer a un artista de forma especial.

Zona equipo

También hallarás propuestas para trabajar la expresión plástica en grupo.

Cuando veas [wifi icon], hallarás en la web información complementaria.

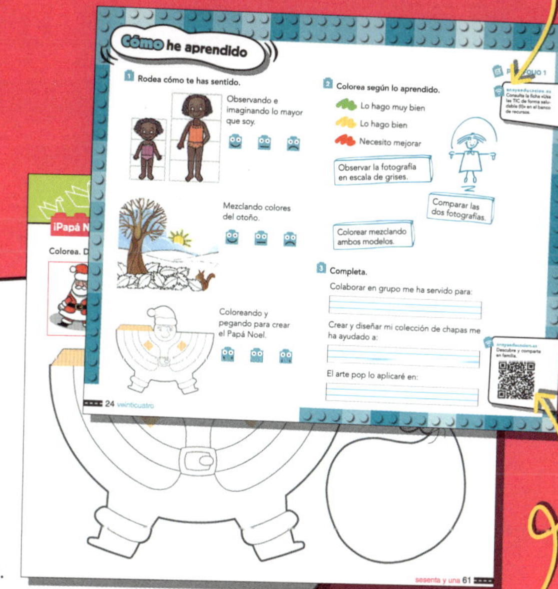

Páginas especiales

Al finalizar cada unidad, hay páginas especiales dedicadas a:

- Reflexionar sobre cómo has aprendido.
- Trabajar el volumen (anexo «Construyo»).
- Experimentar el color con témpera (anexo «Con mi pincel»).

Comparte los códigos QR en familia.

Así se aplican los contenidos

METODOLOGÍA Aprendizaje competencial

Cada unidad comienza con un estímulo, una situación que plantea una curiosidad, una duda... → La situación da lugar a una pregunta, a un RETO. → Para superar el reto, tendrás que INVESTIGAR y APRENDER los contenidos. → Podrás demostrar que has superado el reto aplicando lo que has aprendido en la realización de un PRODUCTO FINAL.

Sigue los pasos que verás indicados en la unidad.

Accede a la web

www.anayaeducacion.es

1. Entra en la web de Anaya Educación y haz clic sobre: alumnado y de la familia

2. Haz clic sobre **Nuevo usuario** y rellena el formulario.

Para darte de alta en la web, debes tener el permiso de tu padre, madre, tutor o tutora legales.

Recibirás un correo electrónico en el *mail* con el que te has registrado. A partir de entonces, podrás acceder a toda la información de la web.

Consulta el banco de recursos

1. Añade tu libro: accede a **Mis recursos** y haz clic sobre el botón **+ Añadir licencia** y, en la ventana que aparece, escribe el código que hay detrás de la cubierta de tu libro.

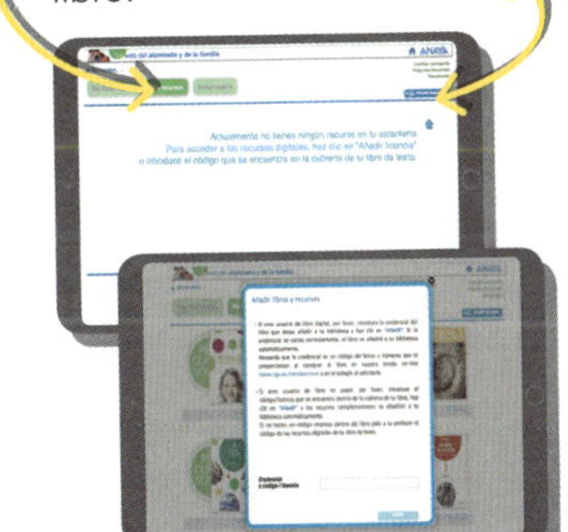

2. Se mostrará la imagen de la web del libro.

Haz clic sobre: **ver Mis recursos**

Y elige tu comunidad:

3. Haz clic sobre el botón **Banco de recursos** para abrir el menú desplegable en el que aparecen tus recursos.

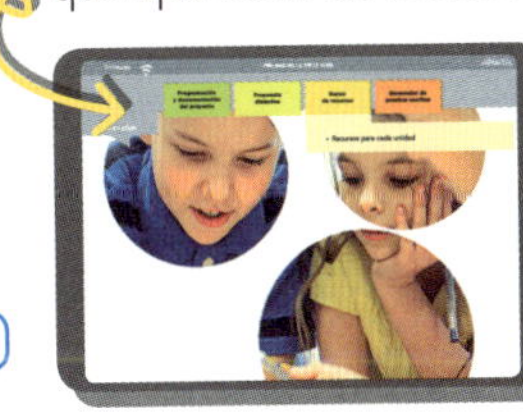

Los contenidos

B1 Bloque 1. Educación audiovisual
B2 Bloque 2. Educación artística
B3 Bloque 3. Dibujo geométrico

Las piezas clave

	Plan Lingüístico	Desarrollo del pensamiento	Aprendizaje cooperativo	Educación emocional	Cultura emprendedora	TIC	Evaluación
1 Un retrato diferente	• Describir los cambios del cuerpo (texto descriptivo).	Técnicas: • Rastreador de problemas. • Las variaciones.	Técnicas: • Cabezas pensantes. • Asamblea de ideas.	• Conciencia emocional: identificar y reconocer las emociones básicas.	• Creatividad y creación (dimensión personal): mis creaciones.	• Recursos digitales de la unidad. • Uso de dispositivos móviles: código QR. • Uso de las TIC de forma saludable (II).	• ¿Cómo he aprendido? • ¿Cómo me he sentido? • ¿Para qué me sirve lo aprendido?
2 Piezas de colores	• Crear y narrar una breve historia (texto narrativo).	Técnicas: • Piensa y comparte en pareja. • Usos diferentes.	Técnicas: • Petición del oyente. • Comprobamos.	• Regulación emocional: estrategias de concentración y relajación. • Autonomía y autoestima: esfuerzo y recompensa.	• Comunicación (dimensión social): comunico ideas a través de diversos canales.	• Recursos digitales de la unidad. • Uso de dispositivos móviles: código QR. • Uso de las TIC de forma segura (II).	• ¿Cómo he aprendido? • ¿Cómo me he sentido? • ¿Para qué me sirve lo aprendido?
3 Un juego divertido	• Exposición de la historia de un paisaje (texto expositivo).	Técnicas: • Tablero de historias. • La imagen.	Técnicas: • Cabezas numeradas. • Interpretación compartida.	• Competencia social: asertividad. • Competencia para la vida y el bienestar social: bienestar emocional.	• Iniciativa (productiva): tomo decisiones.	• Recursos digitales de la unidad. • Uso de dispositivos móviles: código QR. • Uso de las TIC de forma correcta (II).	• ¿Qué he aprendido? • ¿Cómo me he sentido? • ¿Cómo he aprendido?

En mi estuche

Ceras blandas

Ceras duras

Rotuladores gruesos

Rotuladores finos

Lápiz (de grafito)

Lápices de colores

Materiales reciclables

Témpera sin pincel

Tijera

Tizas de colores

Pegamento de barra

Regla

Témpera con pincel

Papeles de colores

Papeles para *collage*

Técnica de libre elección

1 Un retrato diferente

Una técnica artística divertida consiste en cambiar una imagen coloreándola de otra manera.

Te proponemos un reto

¿Te atreves a cambiar los colores de una fotografía?

Para superar el reto... investigo y aprendo

EVOLUCIÓN DE LA FIGURA

LA MEZCLA DE COLORES

A. WARHOL

Para demostrar que lo he superado... hago un retrato de colores

Paso 1

Paso 2

¡Qué mayores somos!

U·1

Observa. Dibújate cómo eras antes y cómo eres ahora.
Describe los cambios.

3 años

7 años

3 años

7 años

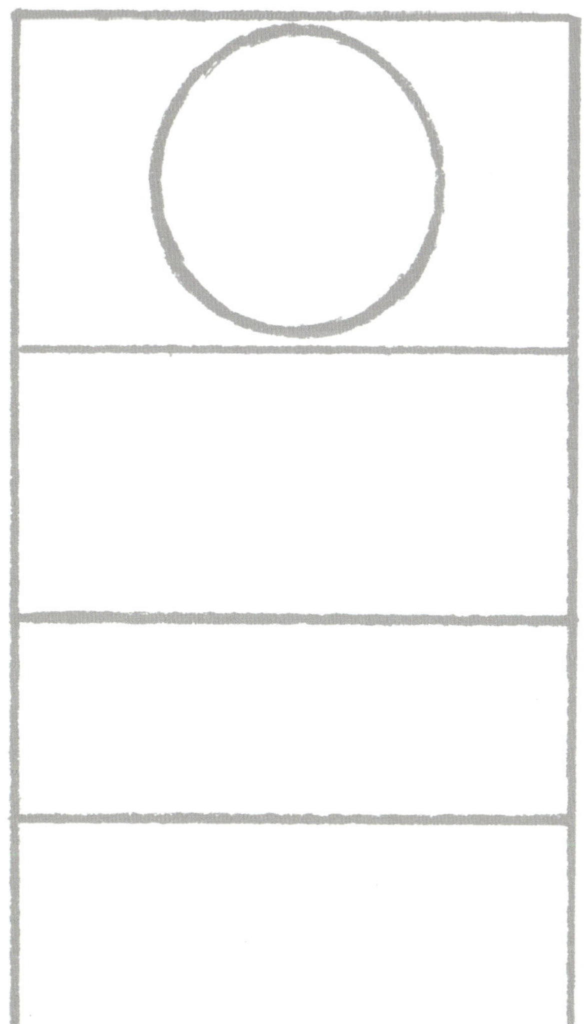

3 años

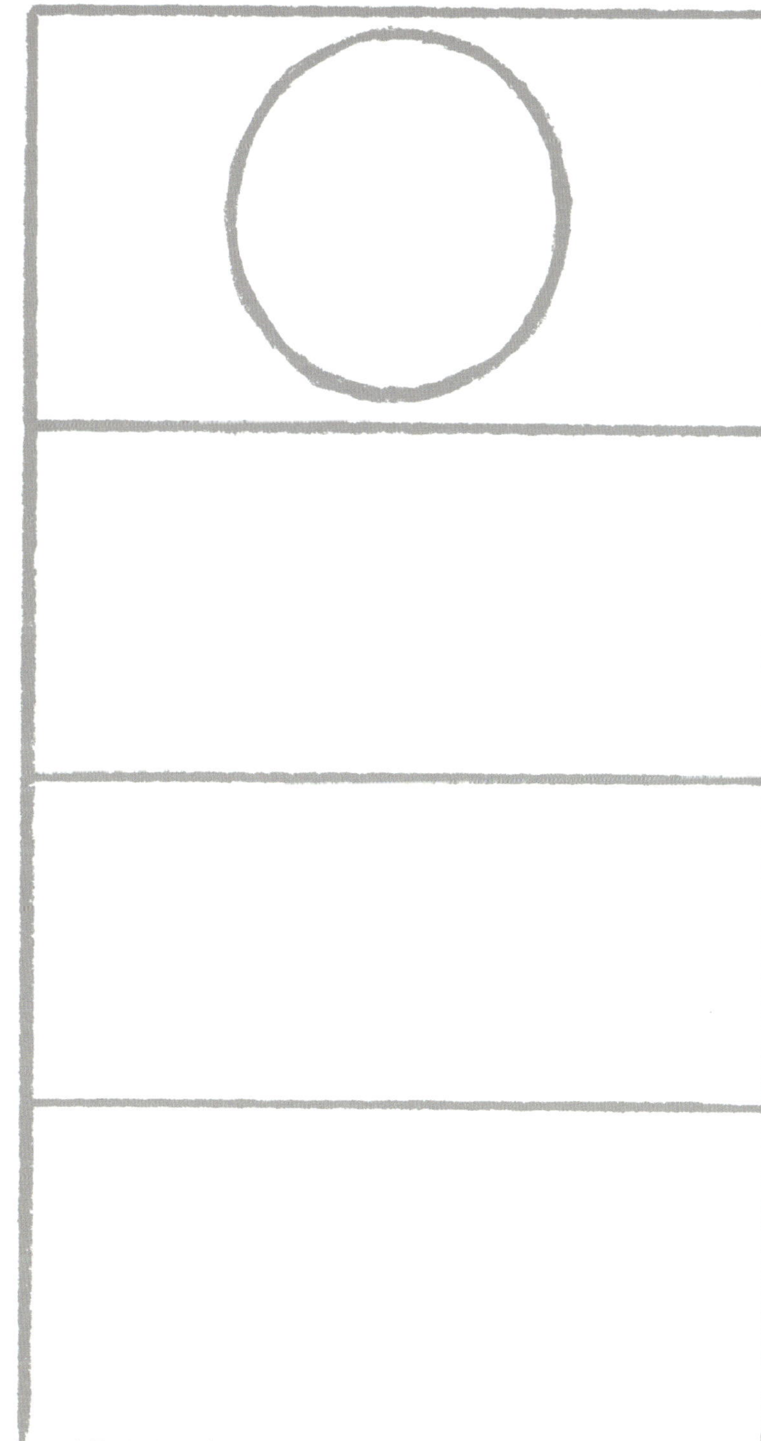

7 años

Una explosión de colores

Colorea con las mezclas de colores que se indican.
Nombra los colores resultantes.

Estampa de otoño

Observa. Crea tu paisaje de otoño estampando con materiales de la naturaleza.

Hojas

Ramas

Frutos

¿Jugamos a las chapas?

Observa. Diseña con figuras circulares y colorea para crear tu colección de chapas.

1 Paso 2

Elige una fotografía tuya en la que estés de frente y fotocópiala en blanco y negro cuatro veces.

Pega las cuatro fotocopias en una cartulina del color que prefieras.

La torre inclinada

Observa y compara las dos fotografías. Crea tu torre con la mezcla de ambos modelos.

Torre campanario
de la catedral de Pisa (Italia).

Un frutero muy variado

Rastreador de problemas

Observa y lee. Sigue los pasos para crear tu frutero.

1

Utiliza papeles reciclados para dar la forma a las frutas y al frutero.

2

Completa el fondo con ceras y los detalles con rotuladores.

1 2 Paso

Cabezas pensantes Colorea tus retratos con colores y de forma diferente cada uno.

¡Ya tienes tu retrato de colores para una exposición!

Las variaciones

Andy Warhol y el arte pop

Observa. Elige un objeto de tu entorno, dibújalo y crea una composición artística.

210 botellas de Coca-Cola (1962), de Andy Warhol.

El estadounidense **Andy Warhol** es el artista más famoso del arte pop. Para crear sus obras, utilizó fotografías y objetos de la vida cotidiana.

Un cuadro salado

Asamblea de ideas Seguid los pasos y cread vuestro cuadro salado.

1 Reunid los siguientes materiales.

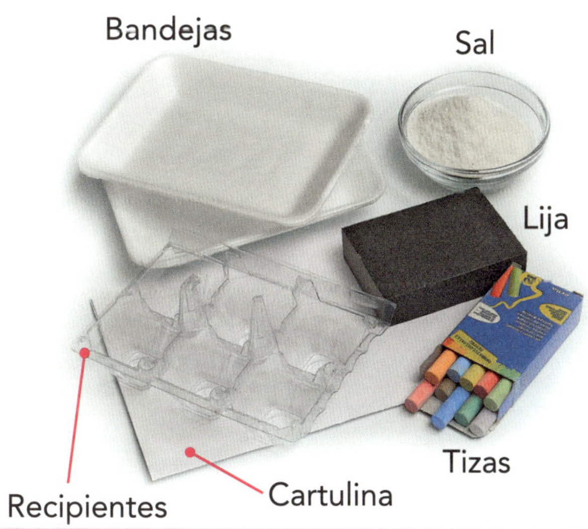

2 Rallad con cuidado las tizas de colores sobre los recipientes. ¡Cuidado, que no se mezclen!

3 Mezclad las tizas ralladas con sal.

4 Dibujad en la cartulina un paisaje. Aplicad pegamento y espolvoread la tiza despacio.

5 Pegad la cartulina sobre la bandeja y terminad de decorar vuestros cuadros salados.

Cómo he aprendido

PORTFOLIO 1

1 Rodea cómo te has sentido.

Observando e imaginando lo mayor que soy.

Mezclando colores del otoño.

Coloreando y pegando para crear el Papá Noel.

2 Colorea según lo aprendido.

- Lo hago muy bien
- Lo hago bien
- Necesito mejorar

Observar la fotografía en escala de grises.

Comparar las dos fotografías.

Colorear mezclando ambos modelos.

3 Completa.

Colaborar en grupo me ha servido para:

Crear y diseñar mi colección de chapas me ha ayudado a:

El arte pop lo aplicaré en:

anayaeducacion.es Consulta la ficha «Usa las TIC de forma saludable (II)» en el banco de recursos.

anayaeducacion.es Descubre y comparte en familia.

2 Piezas de colores

Es increíble ver que, cuando nos unimos, somos capaces de hacer cosas maravillosas.

Te proponemos un reto

¿Te gustaría crear un mundo fantástico de colores?

Para superar el reto... investigo y aprendo

ANIMALES CON FIGURAS GEOMÉTRICAS

ESTAMPACIÓN

M. C. ESCHER

Para demostrar que lo he superado... participo en un puzle de colores

Paso 1

Paso 2

Paso 3

¡Qué frío!

Piensa y comparte en pareja

Observa. Crea tu paisaje invernal con estampaciones.

Hojas

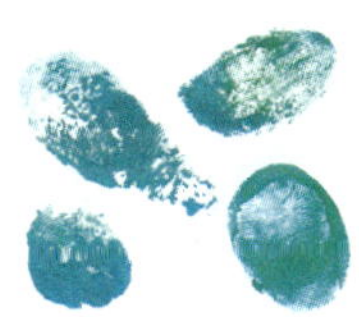
Dedos

Corcho

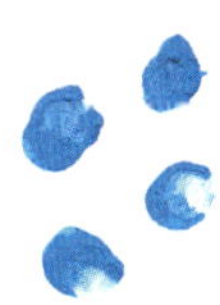
Bastoncillos de algodón

Esponjas

Bajo el mar

Observa, completa y colorea.

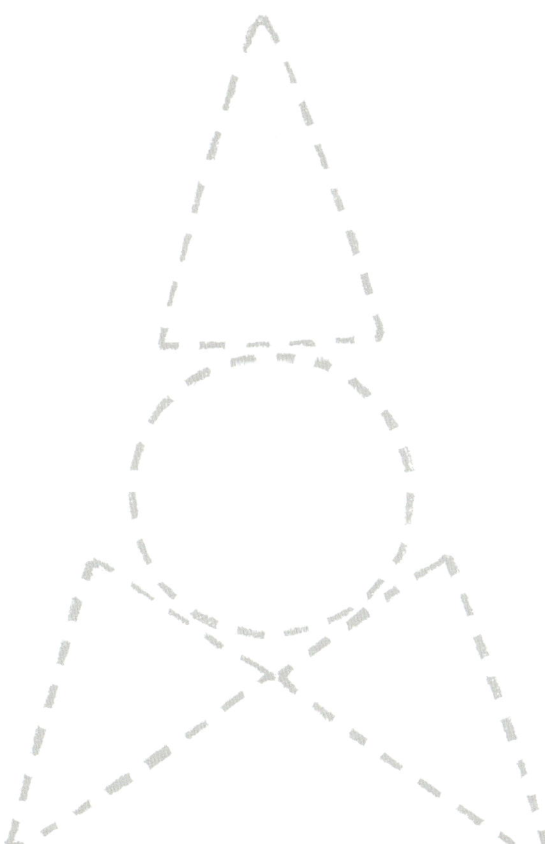

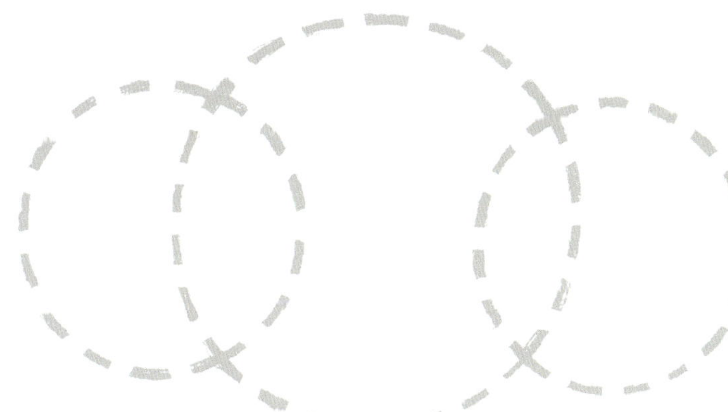

Un castillo con muralla

Observa. Dibuja con regla las paredes y completa como más te guste. Inventa una historia.

Castillo de Belmonte, Cuenca.

1 Paso 2 3

Petición del oyente Decora con colores la pieza gigante de puzle de la página 73.

En la granja

Observa. Crea un caballo y un perro a partir de las manchas básicas.

U·2

Una dieta sana

Observa, lee y sigue los pasos.

Con tonos oscuros perfila las figuras y marca las zonas de sombra.

Con tonos claros completa las zonas de luz y marca los reflejos.

1 2 Paso 3

Recorta la pieza de puzle de la página 73.

Un paisaje de colores

Observa. Crea tu paisaje con papeles de colores rasgados.
Perfila los detalles con rotulador.

1 2 3 Paso

Une con hilos de lana tu pieza a las piezas de los demás. Colocad el puzle de colores donde queráis. ¡Ya tenéis un mundo de colores en vuestra aula!

Escher y los juegos visuales

Observa. Colorea con repeticiones como en el cuadro.

Límite circular III (1959), de Maurits Cornelis Escher.

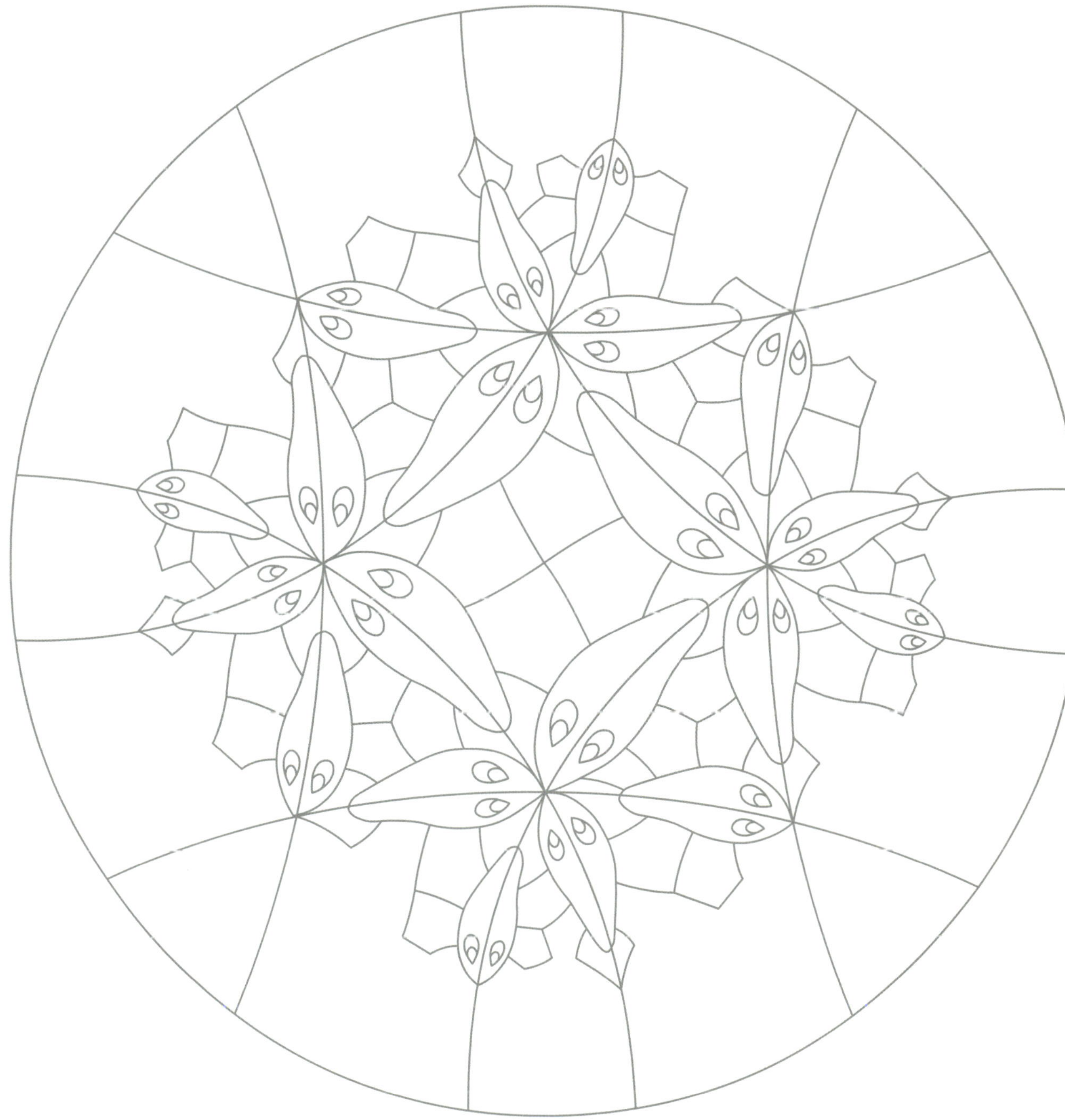

Maurits Cornelis Escher fue un artista holandés famoso por sus grabados.

Sus composiciones parecen acertijos o puzles de mundos fantásticos. Para crearlos, utilizó la repetición de figuras.

¡Enhorabuena por el triunfo!

Comprobamos Seguid los pasos y cread una copa de campeones.

1 Reunid los siguientes materiales.

2 Modelad la base de la copa alrededor del palo.

3 Formad el recipiente haciendo un hueco en una bola.

4 Modelad las asas.

5 Unid todas las piezas y terminad de decorar.

Cómo he aprendido

PORTFOLIO 2

anayaeducacion.es
Consulta la ficha «Usa las TIC de forma segura (II)» en el banco de recursos.

1 **Valora tu trabajo en grupo.**

Comentar mi trabajo en pareja me ha servido para:

Adoptar decisiones en grupo me ayuda a:

Hablar ante los demás hace que me sienta más:

Realizar una actividad en grupo supone:

Escuchar cómo se expresan los demás me ha servido para:

2 **Escribe la actividad que crees que te ha ayudado a:**

Identificar formas geométricas más fácilmente:

Participar en debates con los demás:

Sentirte mejor y ser más responsable:

3 **Escoge la frase que consideres más apropiada y une. Puedes repetir.**

Crear un paisaje con estampaciones.

Observar las formas geométricas para crear.

Utilizar la regla.

Crear animales a partir de manchas de color.

Dibujar las frutas para una dieta sana.

- Me ha encantado.
- He aprendido poco.
- Volvería a realizarlo.
- No me ha gustado.
- He aprendido mucho.
- Investigaré en casa.
- Me ha sorprendido.
- No volvería a realizarlo.

anayaeducacion.es
Descubre y comparte en familia.

3 Un juego divertido

Los juegos de mesa son aquellos que necesitan un tablero, fichas y, generalmente, un dado.

Te proponemos un reto

¿Te atreves a construir un tablero de juego?

Para superar el reto... investigo y aprendo

LA CUADRÍCULA

TRAMAS

J. SOROLLA

Para demostrar que lo he superado... construyo el tablero de La escalera

Paso 1

Paso 2

Flores de primavera

U·3

Observa. Crea flores estampando con papel y corcho. Completa los detalles con rotulador.

Investiga sobre el juego de La escalera y aprende sus normas. Descubre diferentes tableros de este juego.

¡Qué rica está la fruta!

Observa. Dibuja en la cuadrícula y colorea.

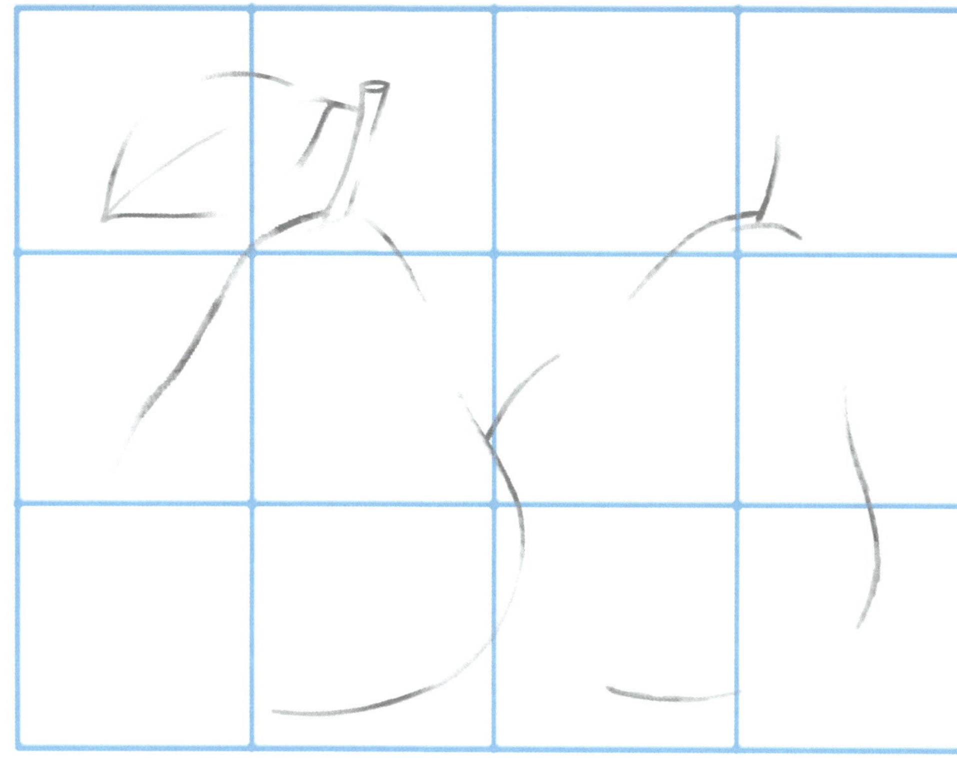

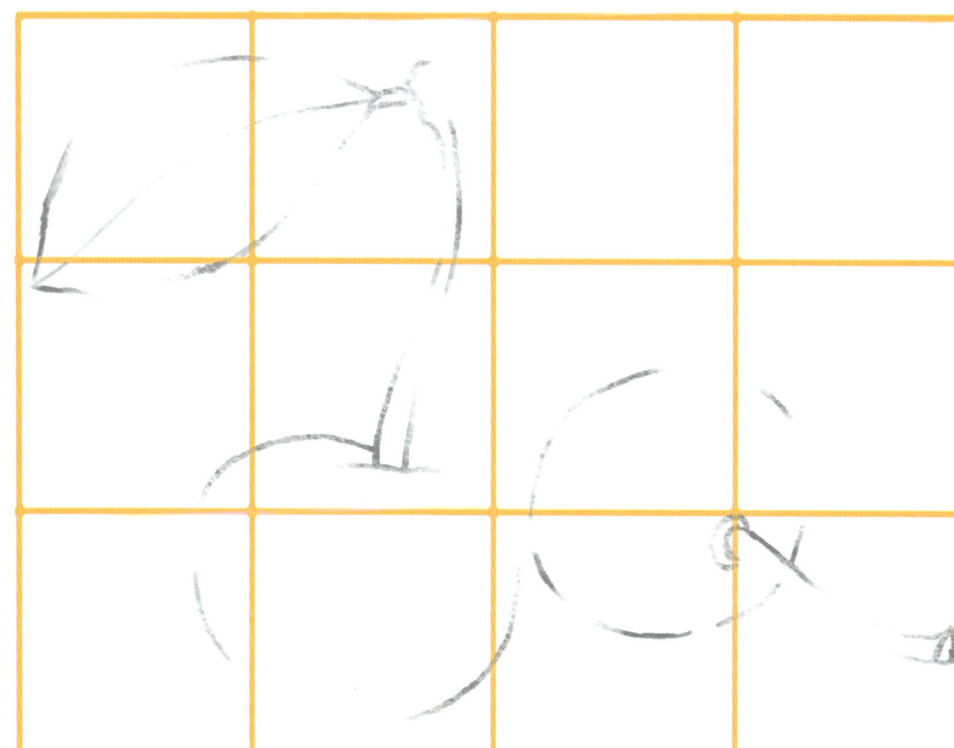

Las líneas de tu tortuga

Observa y completa con las tramas indicadas y con otras que tú imagines.

El mar en verano

Observa. Recorta las piezas para pegarlas en la siguiente página.

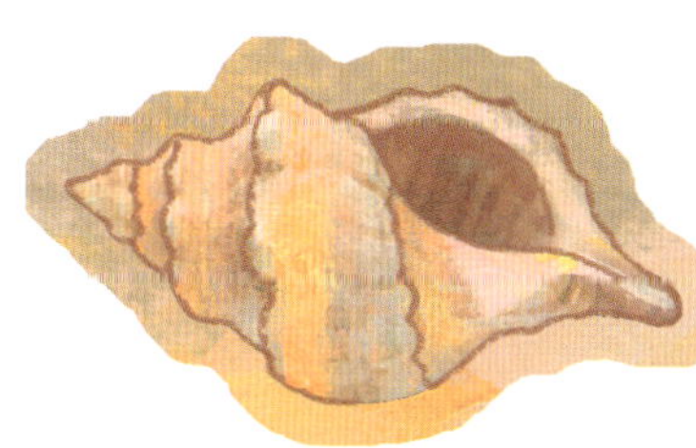

¡Vamos a la playa!

Completa pegando las piezas. Coloca las más pequeñas lejos y las más grandes cerca. Describe tu paisaje marino.

¡Cuál es tu sabor favorito?

Completa y colorea así: las bolas inferiores con los colores indicados; las bolas superiores con la mezcla de los dos colores inferiores.

1 2 Paso

Dibuja un tablero del juego de La escalera en un papel cuadriculado y colorea. Consigue las fichas y un dado, y ¡a jugar!

La mirada de un artista

La imagen

Joaquín Sorolla y la luz

Observa las luces y las sombras del cuadro. Colorea.

Paseo a orillas del mar (1909), de Joaquín Sorolla.

El artista valenciano **Joaquín Sorolla** pintó escenas de la vida cotidiana en la que destaca la intensidad de la luz. El mar Mediterráneo está presente en muchas de sus obras: sus playas, la fuerza del sol, el brillo de la luz en el agua…

¡Mójate en la fuente!

Cabezas numeradas — Seguid los pasos y cread vuestra propia fuente.

1 Reunid los siguientes materiales.

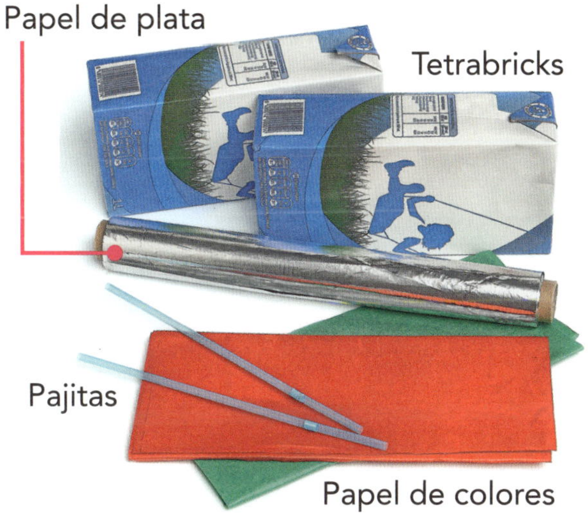

2 Cortad y forrad los tetrabriks con papeles de colores.

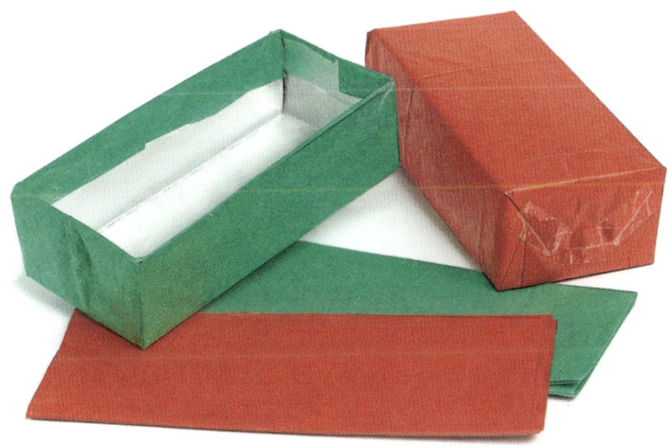

3 Decorad los detalles con rotuladores.

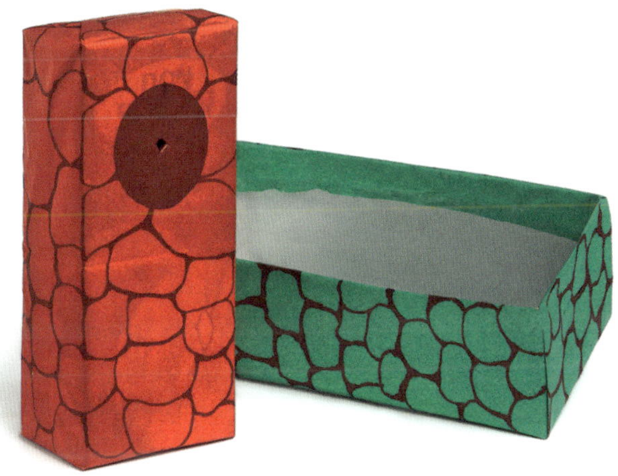

4 Haced un orificio y colocad la pajita como caño de la fuente.

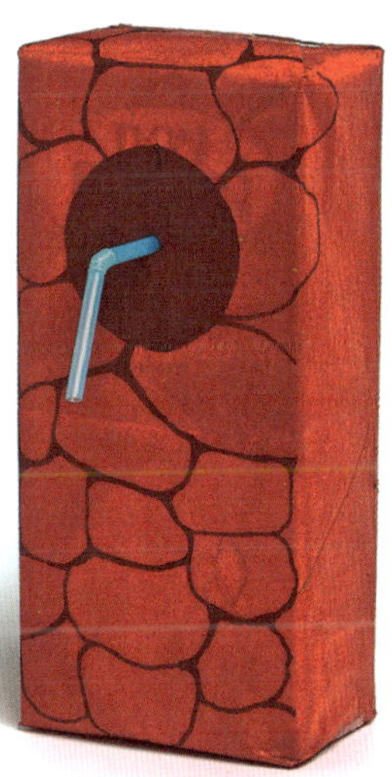

5 Pegad los tetrabriks y poned papel de plata a modo de agua.

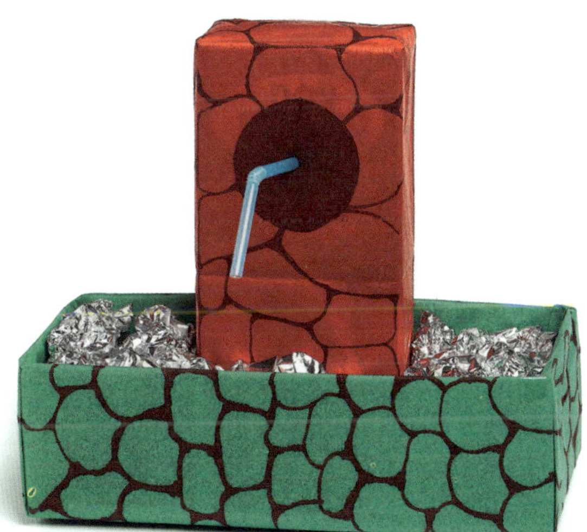

6 Modelad con papel el chorro de agua saliendo del caño.

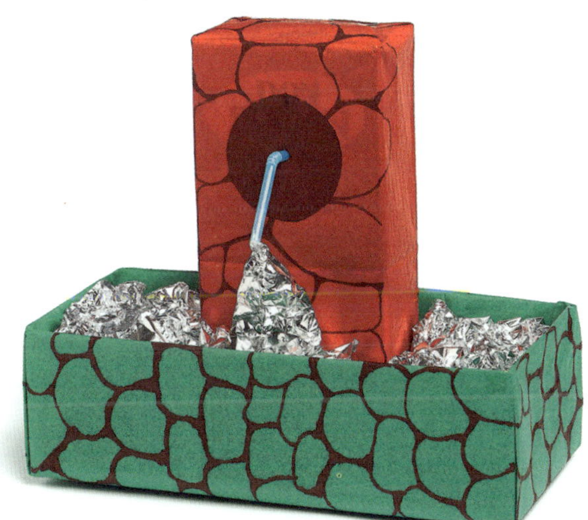

Cómo he aprendido

PORTFOLIO 3

1 Lee, piensa y completa.

La actividad que más me ha gustado es ______

______

porque me va a servir para

______

______

Me ha sorprendido saber que

______

Todo lo aprendido lo podré aplicar para ______

______

Debo investigar y repasar sobre ______

______

2 Rodea cómo te has sentido.

Recortando y montando el autobús de excursión.			
Tomando la iniciativa para estampar flores de primavera.			
Describiendo el paisaje playero ante los demás.			
Sintiendo el bienestar que me produce el sabor de mi helado favorito.			

3 Colorea cómo ha sido tu aprendizaje durante el curso:

- Lo hago muy bien
- Lo hago bien
- Necesito mejorar

Expreso mis emociones.	Trabajo en grupo.
Acepto críticas y aplico.	Soy responsable.

anayaeducacion.es
Consulta la ficha «Usa las TIC de forma correcta (II)» en el banco de recursos.

anayaeducacion.es
Descubre y comparte en familia.

¡Papá Noel, ya está aquí!

Colorea. Desprende y pega para montar tu Papá Noel.

Carnaval, te quiero

Usos diferentes

Colorea y desprende. Pega B sobre A. Coloca una goma elástica.

B

A

Nos vamos de excursión

Dibuja a tus compañeros y compañeras. Desprende, dobla y pega.

¡Al abordaje!

Interpretación compartida

Desprende, dobla y pega para montar tu barco pirata.

El color del desierto

Observa. Completa y colorea mezclando los colores rojo y amarillo.

El frío del invierno

Observa. Completa y colorea con los colores rojo, azul y blanco, y sus mezclas.

Un puzle gigante

Colorea y recorta. Une con hilos de lana tu pieza a las piezas de los demás para crear un mundo de colores fantástico.

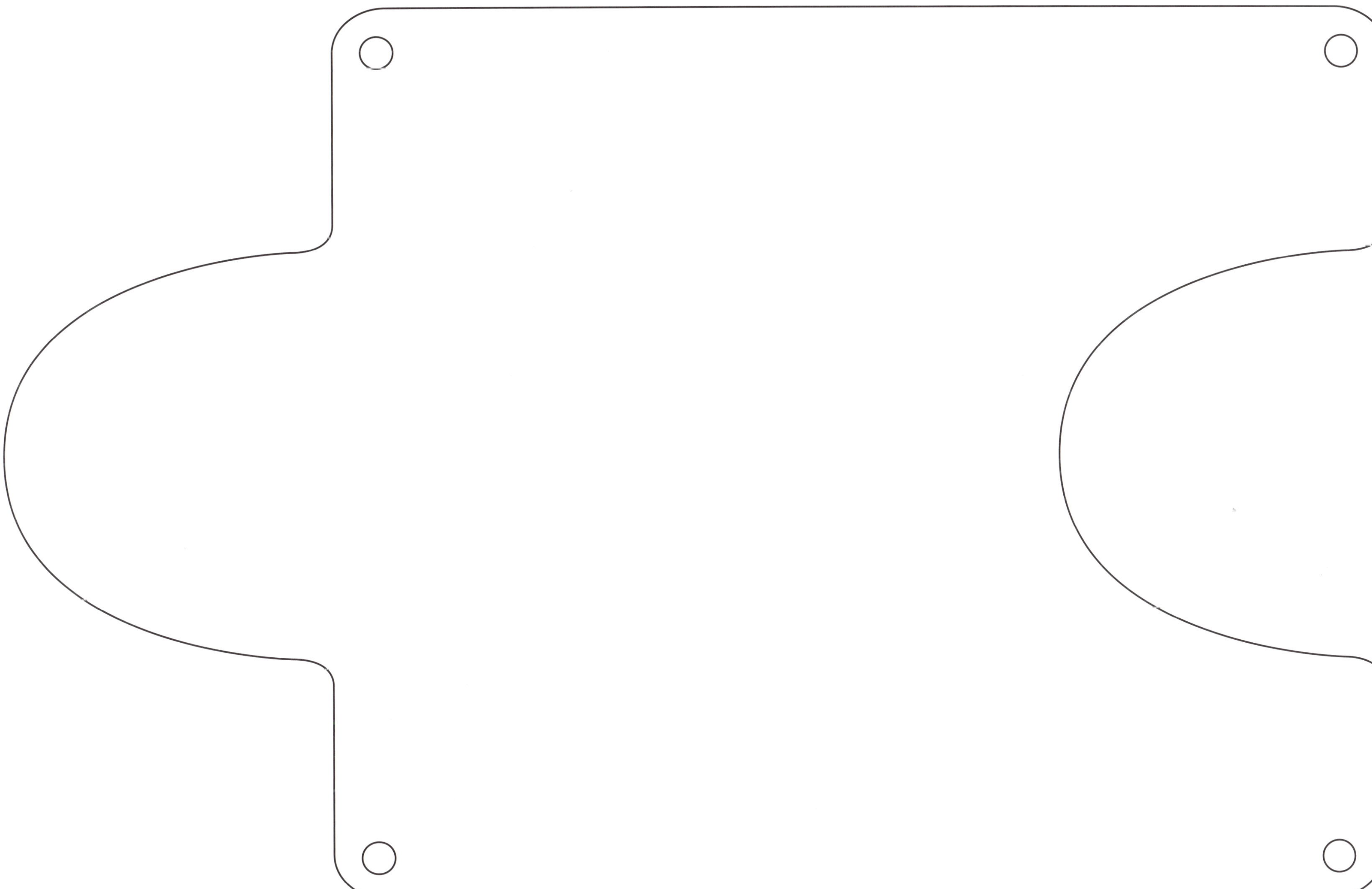

La selva frondosa

Observa. Completa y colorea mezclando los colores azul y amarillo.